CATALOGUE

D'UNE JOLIE COLLECTION

DE

TABLEAUX

ANCIENS,

des Écoles Française, Italienne, Espagnole, Allemande & Anglaise

ARRIVANT D'ALLEMAGNE,

Et faisant le complément de la Galerie de M. P.... (Berlin)
[Passalaqua]

DONT LA VENTE AURA LIEU

HOTEL DES VENTES MOBILIÈRES,

RUE DES JEUNEURS, N. 42,

Salle n. 1,

LES VENDREDI 18 ET SAMEDI 19 MARS 1853, A UNE HEURE,

Par le ministère de Mᵉ **RIDEL**, Commissaire-Priseur à Paris,
rue Saint-Honoré, 335,
Assisté de **M. FERDINAND LANEUVILLE**, Expert,
rue Neuve-des-Mathurins, 73,

Chez lesquels se distribue le présent Catalogue.

Exemplaire de Beurdeley père

EXPOSITION PUBLIQUE

Le Jeudi 17 Mars 1853, de midi à 4 heures.

PARIS

MAULDE & RENOU,

IMPRIMEURS DE LA COMPAGNIE DES COMMISSAIRES-PRISEURS,
Rue de Rivoli prolongée.

1853

CONDITIONS DE LA VENTE.

Elle sera faite au comptant.

Les acquéreurs paieront cinq pour cent en sus des adjudications

AVERTISSEMENT.

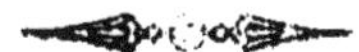

Les **148 Tableaux** dont nous publions le catalogue, sont le complément de la galerie de M. P., amateur distingué d'une des capitales d'Allemagne.

Cette galerie de tableaux n'arrivant à Paris que quelques jours avant la vente, nous nous trouvons dans la nécessité, n'ayant pas vu les tableaux, de publier le catalogue tel qu'il nous a été adressé par M. P. ***; et, pour donner une juste idée de la loyauté avec laquelle le propriétaire de cette galerie l'a rédigé, nous ne pouvons mieux faire que de transcrire ici la note dont il a fait précéder ce catalogue :

« Les peintres ont été, je crois, consciencieusement
« attribués ; cependant, tout en supposant les avoir
« signalés en connaissance de cause, je ne prétends
« nullement forcer l'opinion des amateurs et connais-
« seurs, je les prie donc de s'en référer, à ce sujet, à
« leur propre jugement. »

DÉSIGNATION

DES TABLEAUX

Écoles Italienne et Espagnole.

BARBIERI (François), dit le GUERCHIN.

1 — Les Frères de Joseph accusés de vol.

Bois.—Haut. 0 m. 48 c. Larg. 0 m. 61 c.

BERESTINI (Pierre), dit de CORTONE.

2 — Martyre de saint Procès et de saint Martinien.

Toile.—Haut. 0 m. 98 c. Larg. 0 m. 82 c.

DU MÊME.

3 — Retour de l'Enfant prodigue. Ebauche.

Toile.—Haut. 0 m. 65. Larg. 0 m 52 c.

BONDONE, dit GIOTTO.

4 — Saint Jean-Baptiste et un saint moine.

Bois.—Haut. 0 m. 97 c. Larg. 0 m. 62 c.

DU MÊME.

5 — Deux saints, un cardinal et un moine. Pendant du précédent.

Bois.—Même grandeur.

BONVINCINI (ALEXANDRE), dit LE MORETTO.

6 — Portrait d'un chevalier et de son fils.

Toile.—Haut. 0 m. 95. Larg. 0 m. 78 c.

BOSSI (A.-G.), signé.

7 — Une jeune fille et un jeune garçon avec un panier de pommes devant eux.

Toile.—Haut. 0 m. 97 c. Larg. 0 m. 84 c.

CALIARI (PAUL), dit PAUL VÉRONÈSE.

8 — Jeune fille. Etude.

Toile.—Haut. 0 m. 78 c. Larg. 0 m. 62 c.

DU MÊME (attribué).

9 — Adoration des bergers.

Toile.—Haut. 0 m. 71 c. Larg. 0 m. 58 c.

CANO (Alonzo), attribué.

10 — Moine en méditation.

Toile.—Haut. 0 m. 42 c. Larg. 0 m. 32 c.

CARBACCI (Louis).

11 — Saint Charles Borromée adorant le Christ.

Toile.—Haut. 1 m. 16 c. Larg. 1 m. 50 c.

CARRACCI (Annibal).

12 — L'Amour.

Toile.—Haut. 0 m. 37. Larg. 0 m. 24 c.

DU MÊME.

13 — La Mort de Lucrèce.

Toile.—Haut. 1 m. 16. Larg. 0 m. 82 c.

CARRACCI (d'après Corrège).

14 — Saint Jean précurseur.

Toile —Haut. 2 m. 7. Larg. 1 m. 26 c.

CARUCCI (Jacques), dit le PONTORMO.

15 — Portrait d'une dame vénitienne.

Toile.—Haut. 1 m. 2 c. Larg. 0 m. 85 c.

CERQUOZZI (Michel-Ange), dit des BATAILLES.

16 — Fruits et animaux.

> Toile.—Haut. 1 m. 21 c. Larg. 0 m. 98 c.

CIGNANI (Carlo).

17 — Sainte Famille. l'Enfant-Jésus dans les bras de sa mère, pose une couronne de rose sur la tête d'une sainte.

> Toile.—Haut. 0 m. 82 c. Larg. 0 m. 64 c.

CORRÈGE (École).

18 — La Vierge et l'Enfant-Jésus.

> Toile.—Haut. 0 m. 71 c. Larg. 0 m. 58 c.

DOLCI (Carlo).

19 — Saint Jérôme, vu à mi-corps.

> Bois.—Forme ronde.

DU MÊME.

20 — Saint Luc. Pendant du précédent.

> Même forme.

DU MÊME (d'après).

21 — Jésus-Christ au jardin des Oliviers.

> Sur métal.—Haut. 0 m. 41 c. Larg. 0 m. 33 m.

FETI (Dominico).

22 — La Mélancolie.

> Toile.—Haut. 0 m. 56 c. Larg. 0 m. 40 c.

GIORDANO (Luca).

23 — Caïn et Abel.

> Toile.—Haut. 0 m. 91 c. Larg. 0 m. 75 c.

GUARDI (François).

24 — Deux Paysages avec ruines et figures. Pendants.

> Toile.—Haut. 0 m. 36 c. Larg. 0 m. 40 c.

GUIDE (École).

25 — Têtes du Christ et de saint Jean.

> Toile.—Haut. 0 m. 49 c. Larg. 0 m. 66 c.

LANFRANCO (Jean).

26 — Saint Jérôme.

> Toile.—Haut. 1 m. 24 c. Larg. 0 m. 98 c.

LANINO (Bernardin).

27 — Jésus-Christ mort sur les genoux de sa mère.

> Toile.—Haut. 0 m. 99 c. Larg. 1 m. 20 c.

LIPPI (Philippe).

28 — La Vierge et l'Enfant-Jésus.

Bois.—Haut. 0 m. 55 c. Larg. 0 m. 44 c.

MARATTI (Carle).

29 — Sainte Famille.

Cuivre.

MICHEL-ANGE AMERIGHI, dit le CARAVAGE.

30 — Incrédulité de saint Thomas.

Toile.—Haut. 1 m. 6 c. Larg. 1 m. 26 c.

DU MÊME.

31 — Mise au tombeau.

Toile.—Haut. 0 m. 42 c. Larg. 0 m. 52 c.

MOLA (Pierre-François).

32 — Saint Jean annonçant la venue du Sauveur.

Toile.—Haut. 0 m. 98 c. Larg. 0 m. 75 c.

DU MÊME.

33 — Prédication du Christ. Pendant du précédent.

Même grandeur.

MURILLO (BARTHÉLEMY-ESTEBAN).

33 — Portrait d'une vieille femme.

Toile.—Haut. 0 m. 54 c. Larg. 0 m. 44 c.

PRIMATICE (FRANÇOIS).

35 — La Foi, l'Espérance et la Charité entourées d'anges.

La Foi est représentée par Diane de Poitiers.

Toile.—Haut. 1 m. 68 c. Larg. 1 m. 74 c.

QUAINI (LOUIS).

36 — Paysans en goguette. Paysage.

Toile.—Haut. 0 m. 75 c. Larg. 0 m. 96 c.

DU MÊME.

37 — Scène villageoise. Pendant du précédent.

Toile.—Même grandeur.

RIBERA (JOSEPH), dit L'ESPAGNOLET.

38 — Tête d'homme chauve.

Sur carton.—Haut. 0 m. 35 c. Larg. 0 m. 29 c.

DU MÊME.

39 — Portrait d'un évêque.

Toile.—Haut. 0 m. 99 c. Larg. 0 m. 73 c.

ROBUSTI (Jacques), dit le TINTORET.

40 — Le Jugement dernier. Ebauche.

Toile.—Haut. 0 m. 89 c. Larg. 0 m. 54 c.

RUSCA (le chevalier).

41 — Tête de vieille femme.

Toile.—Haut. 0 m. 51 c. Larg. 0 m. 38 c.

DU MÊME.

42 — Tête de vieillard. Pendant du précédent.

Toile.—Même grandeur.

SALVATOR ROSA.

43 — Tempête sur mer. Barques et figures.

Toile.—Haut. 0 m. 56 c. Larg. 0 m. 74 c.

DU MÊME.

44 — Guerrier à cheval.

Toile.

DU MÊME.

45 — Quatre guerriers à cheval. Pendant du précédent.

SCHIDONE (Barthélemy).

46 — Saint Jean-Baptiste.

> Toile. — Haut. 0 m. 64 c. Larg. 0 m. 48 c.

SISTO (César de), dit le MILANÈSE.

47 — Jésus et saint Jean enfants. Paysages.

> Bois. — Haut. 0 m. 50 c. Larg. 0 m. 60 c.

> Ce tableau est renfermé dans une caisse à deux battants, recouverte d'arabesques.

SIRANI (Elisabeth).

48 — Les trois Marie et Joseph d'Arimathie pleurant au sépulcre de Jésus-Christ.

> Toile. — Haut. 0 m. 75 c. Larg. 0 m. 93 c.

STROZZI (Bernard).

49 — Portrait d'un vieille dame de qualité.

> Haut. 1 m. Larg. 0 m. 78 c.

TIEPOLO (Jean-Baptiste).

50 — Evanouissement d'Esther.

> Toile. — Haut. 0 m. 75 c. Larg. 0 m. 57.

TISIO (Benvenuto), dit le GAROFOLO.

51 — Sainte Famille visitée par deux anges.

> Bois. — Haut. 0 m. 42 c. Larg. 0 m. 59 c.

VASARI (GEORGE).

52 — Descente de croix. Effet de lumière.

Toile.—Haut. 0 m. 99. Larg. 0 m. 79 c.

VÉLASQUEZ (attribué à).

53 — Portrait d'une dame espagnole.

Toile.—Haut. 1 m. 2 c. Larg. 0 m. 83 c.

VÉLASQUEZ (d'après).

54 — Portrait de don Diego Olivarès.

Toile.—Haut. 0 m. 59 c. Larg. 0 m. 48 c.

ZAMPIERI (DOMINIQUE), dit le DOMINIQUIN.

55 — Deux têtes d'anges. Etude.

Toile.

ZUCCARELLI (FRANÇOIS).

56 — Paysage avec rivière, figures et animaux.

Toile.—Haut. 0 m. 45 c. Larg. 0 m. 60 c.

ZENALE (BERNARDIN), signé.

57 — La Salutation angélique.

Toile partagée en deux parties.—Haut. 2 m. 22 c. Larg. 1 m. 90 c.

ÉCOLE ITALIENNE.

58 — Tête du Sauveur, avec l'inscription suivante : *Vera expressio vivae illius imaginis Salvatoris nostri Dom. Jesus-Christi quae Romae ad. D. Behan Luseran conspicitur.*

Bois.—Haut. 0 m. 36 c. Larg. 0 m. 28 c.

DE LA MÊME.

59 — Saint Joseph présentant l'Enfant-Jésus à saint Jean.

Toile.—Haut. 0 m. 95 c. Larg. 1 m. 25 c.

60 — Portrait d'une jeune dame.

Toile.—Haut. 0 m. 48 c. Larg. 0 m. 40 c.

61 — Nature morte. Deux pendants.

Toile.—Haut. 0 m. 40 c. Larg. 0 m. 50 c.

62 — La Vierge et l'Enfant-Jésus entourés de saints personnages.

Haut. 1 m. 49 c. Larg. 1 m. 23.

ÉCOLE ESPAGNOLE.

63 — L'Annonciation de la Vierge.

Toile.—Haut. 0 m. 53 c. Larg. 0 m. 78 c.

64 — Enfant nu assis sur un rocher.

Toile.— Haut. 0 m. 52 c. Larg. 0 m. 42 c.

65 — Même sujet. Pendant du précédent.

Même grandeur.

Ecoles Allemande et Anglaise.

CRANACH (Luc-Sunder), le Vieux,

Avec le dragon pour monogramme, daté 1535.

67 — Lucrèce.

> Bois.—Haut. 0 m. 75 c. Larg. 0 m. 49 c.

DENNER (Balthazar).

68 — Une vieille femme pesant de l'or.

> Toile.—Haut. 0 m. 81 c. Larg. 0 m. 64 c.

DIETRICH (Chrétien-Gust.).

69 — Jeune fille entourée de fleurs.

> Toile.—Haut. 0 m. 40 c. Larg. 0 m. 30 c.

DU MÊME.

70 — Une jeune fille lisant une lettre.

> Bois.

DU MÊME.

71 — Jeune fille tenant un bouquet de fleurs. Pendant
du précédent.

DU MÊME.

72 — Vieillard à barbe blanche.

Bois.

DU MÊME.

73 — Clair de lune.

Tôle.

DORNER (Jacques).

74 — L'Arracheur de dents.

Miniature sur parchemin.

DU MÊME.

75 — L'Oculiste. Pendant du précédent.

Miniature sur parchemin.

DURER (Albert).

76 — Le Joueur de musette.

Gravé par lui-même avec quelques variantes.

Sur parchemin collé sur bois.

FERGUSON.

77 — Nature morte. Oiseaux, etc., etc.

Toile—Haut. 0 m. 51. c. Larg. 0 m. 46 c.

GRUNEWALD (Mathieu).

78 — Le Christ entre les bras de sa mère et de Joseph d'Arimathie.

Bois.—Haut. 0 m. 70 c. Larg. 0 m. 57 c.

HOGARTH (Guillaume).

79 — Un Mendiant.
Une Mendiante.

Tous deux sont représentés avec une écuelle à la main.
Deux études formant pendants.

Marouflé.

JUNCKER (Juste), signé.

80 — Intérieur de cuisine.

Bois.—Haut. 0 m. 38 c. Larg. 0 m. 30 c.

DU MÊME.

81 — Même sujet. Pendant du précédent.

Bois.—Même grandeur.

KOBELL (Guillaume). signé.

82 — Un Maréchal ferrant. Paysage.

Toile.—Haut. 0 m. 38 c. Larg. 0 m. 3?.

KUPETZKI (Jean).

83 — Portrait d'homme.

Toile.—Haut. 0 m. 53 c. Larg. 0 m. 45 c.

DU MÊME.

84 — Même sujet. Pendant du précédent.

Même grandeur.

DU MÊME.

85 — Buste de paysan.

Toile.—Haut. 0 m. 55 c. Larg. 0 m. 46 c.

DU MÊME.

86 — Portrait d'homme tenant un verre à la main.

Toile.—Haut. 0 m. 76 c. Larg. 0 m. 61 c.

LAMPI.

87 — Portrait de l'Impératrice de Russie Catherine II.

Toile.—Haut. 0 m. 84 c. Larg. 0 m. 68 c.

PESNE (Antoine).

88 — Portrait de Frédéric-le-Grand, vu de profil. Grisaille.

Toile.—Haut. 0 m. 53 c. Larg. 0 m. 38 c.

DU MÊME.

89 — Portrait du prince Henri de Prusse, frère de Frédéric-le-Grand.

Toile.—Haut. 0 m. 93 c. Larg. 0 m. 75 c.

PEINS (Grégoire), dit George PENS.

90 — Portrait d'homme.

Bois. —Haut. 0 m. 54 c. Larg. 0 m. 40 c.

RODE (Chrétien-Bernard).

91 — Sujet mythologique.

Bois.

ROOS (Henri), de Francfort.

92 — Un Pâtre gardant des bœufs et des moutons. Paysage.

Bois.

DU MÊME.

93 — Même sujet. Pendant du précédent.

Bois.

ROOS (Jean-Henri).

94 — Paysage avec ruines, figures et animaux.

Toile.—Haut. 0 m. 68 c. Larg. 0 m. 90 c.

ROSE, de Tivoli.

95 — Paysage avec figures et animaux.

Toile.—Haut. 0 m. 41 c. Larg. 0 m 54 c.

DU MÊME.

96 — Paysage montagneux, avec chute d'eau, figures et animaux.

Toile.—Haut. 0 m. 67 c. Larg. 0 m. 84 c.

ROSS (Joseph).

97 — Paysage avec figures et animaux.

Toile.—Haut. 0 m. 55 c. Larg. 0 m. 67 c.

RUGENDAS (Ph.).

98 — Un Cheval en liberté.

Toile.—Haut. 0 m. 41 c. Larg. 0 m. 50 c.

SCHUZ jeune, signé.

99 — Deux Paysages avec figures. Pendants.

Bois.

TASSAUER.

100 — Trois Mendiants dans un paysage.

Bois.

DU MÊME.

101 — Un Coq et deux poules.

Bois.

WOHLGEMULH (Michel), Attribué.

Avec le monogramme daté 1523.

102 — Tête de vieille femme.

Toile.

ÉCOLE ALLEMANDE.

103 — Deux petits paysages avec rivière et figures. Pendants

Bois.

104 — Deux petits paysages.

Toile.

Ecole française.

BOUCHER (François).

105 — Un enfant jouant avec un agneau. Paysage.

Bois.

DU MÊME.

106 — Un enfant jouant avec deux pigeons. Pendant du précédent.

Bois.

DU MÊME.

107 — Jeune fille nue assise.

Pastel.

DU MÊME.

108 — La Peinture. Allégorie.

Bois.—Haut. 0 m. 34 c. Larg. 0 m. 35 c.

Gravé par Huquier.

BOUCHER (attribué à).

109 — Jupiter et Danaé.

Toile ovale.—Haut. 0 m. 59 c. Larg. 0 m. 75 c.

CALLOT (Jacques).

110 — Halte et campement de Bohémiens.

Bois.

Gravé par le peintre.

CHARDIN (J.-B.).

111 — Nature morte. Attirail de chasse gardé par un chien dans un paysage.

Toile.

DU MÊME.

112 — Même sujet. Pendant du précédent.

DU MÊME.

113 — La Souricière.

Bois.

DU MÊME.

114 — Tête de jeune homme.

Toile.—Haut. 0 m. 44 c. Larg. 0 m 34 c.

DETROY (J.-F.).

115 — Une jeune fille tenant un oiseau.

Cuivre.

DU MÊME.

116 — Un jeune garçon avec du raisin. Pendant du précédent.

Cuivre.

GREUZE (J.-B.).

117 — L'Aveugle trompé.

Toile.—Haut. 0 m. 40 c. Larg. 0 m. 32 c.

Gravé par Cars.

LEBRUN (Charles).

118 — L'Assemblée des Dieux.

Toile.—Haut. 0 m. 60 c. Larg. 0 m. 71 c.

LEMOINE (François).

119 — Hercule et Omphale.

Toile.—Haut. 0 m. 41 c. Larg. 0 m. 33 c.

LESUEUR (Eustache).

120 — La Vision de Zacharie.

Toile.—Haut. 0 m. 59 c. Larg. 0 m. 50 c.

DU MÊME.

121 — Caïn après son crime.

> Toile.—Haut. 0 m. 83 c. Larg. 0 m. 63 c.

MIGNARD (FRANÇOIS).

122 — Pomone. Paysage.

> Toile.—Haut. 0 m. 81 c. Larg. 0 m. 65 c.

DU MÊME.

123 — Vénus et l'Amour. Pendant du précédent.

> Même grandeur

MONOYER (J.-B.).

124 — Fleurs.

> Toile.—Haut. 0 m. 97 c. Larg. 0 m. 74 c.

NATOIRE (CHARLES).

125 — Les Quatre Saisons.

> Allégorie rendue par quatre groupes d'enfants nus.
> Bois.
>
> Ces quatre tableaux ont été gravés à l'eau forte par Natoire.

PIERRE LE VIEIL.

126 — Tête de vieillard.

> Toile.—Haut. 0 m. 55 c. Larg. 0 m. 45 c.

POUSSIN (NICOLAS).

127 — Deux enfants avec un agneau. Paysage.

Toile.—Haut. 0 m. 61 c. Larg. 0 m. 53 c.

ROUSSEAU (JACQUES).

128 — Grand arc-de-triomphe, avec beaucoup de figures.

Elles sont attribuées à Watteau.

Toile.—Haut. 1 m. 9 c. Larg. 1 m. 41 c.

SANTERRE (J.-B.).

129 — Une jeune fille lisant une lettre. Effet de lumière.

Bois.

SUBLEYRAS (PIERRE).

130 — Diane et Calisto.

Toile.—Haut. 1 m. 40 c. Larg. 1 m. 53 c.

VANLOO (CHARLES).

131 — Diane et Endymion.

Toile.—Haut. 0 m. 70 c. Larg. 0 m. 81 c.

VOUET (SIMON).

132 — Madeleine expirant dans les bras de deux Anges.

Toile.—Haut. 1 m. 7 c. Larg. 0 m. 83 c.

WATTEAU (Antoine).

133 — Danse dans un parc.

Toile.—Haut. 0 m. 34 c. Larg. 0 m. 42 c.

DU MÊME.

134 — Même sujet. Pendant du précédent.

Même grandeur.

DU MÊME.

135 — Les Suites d'un duel. Paysages avec figures et un cheval blanc.

Toile.—Haut. 0 m. 35 c. Larg. 0 m. 29 c.

DU MÊME.

136 — Payage avec figures. Pendant du précédent.

Même grandeur.

WATTEAU (J.-A.).

137 — Portrait d'une jeune dame.

Toile.—Haut. 0 m 53 c. Larg. 0 m. 41 c.

INCONNU.

138 — La Vierge et l'Enfant Jésus.

Bois.

Maulde et Renou, Imprimeurs de la Compagnie des Commissaires-Priseurs,
8202   rue de Rivoli prolongée, au coin de celle de l'Arbre-Sec